W9-BBQ-644

This book belongs to:

Este libro pertenece a:

_____

Date: Fecha:

_____

For Aunt Mickey who loves the cardinals – Amy

To my Grandma & Grandpa who have always been so supportive of me – Robb

Copyright ©2002 by Amy Crane Johnson

All rights reserved. For information about permission to reproduce selections from this book, write to:
Permissions, Raven Tree Press LLC, 200 S. Washington St. – Suite 306, Green Bay, WI 54301.

www.raventreepress.com

Publisher's Cataloging-in-Publication
(Provided by Quality Books, Inc.)

Johnson, Amy Crane.
    Lewis Cardinal's First Winter : a Solomon Raven story
/ illustrator, Robb Mommaerts ; author, Amy Crane
Johnson. -- 1st ed.
    p. cm.
    In English and Spanish.
    SUMMARY: Lewis Cardinal is confused as his woodland
friends get ready for winter. Should he stay or go?
Solomon Raven explains hibernation and migration,
leading Lewis to understand the process of change and
friendship.
    LCCN 2002101012
    ISBN 0-9701107-8-2

    1. Friendship--Juvenile fiction. 2. Cardinals
(Birds)--Juvenile fiction. 3. Winter--Juvenile fiction.
4. Birds--Migration--Juvenile fiction. 5. Hibernation--
Juvenile fiction. [1. Friendship--Fiction. 2. Cardinals
(Birds)--Fiction. 3. Birds-- Migration--Fiction.
4. Winter--Fiction. 5. Hibernation--Fiction.] I. Title.
II. Mommaerts, Robb

PZ7.J6285Le 2002   [E]
                    QBI33-384

Spanish translation by Creative Marketing of Green Bay, LLC
This book is printed with soy inks on recycled paper.
Printed and manufactured in the United States of America
10 9 8 7 6 5 4 3 2 1

first edition

LEWIS CARDINAL'S FIRST WINTER

Written by / Escrito por
Amy Crane Johnson

Illustrated by / Ilustrado por
Robb Mommaerts

EL PRIMER INVIERNO de LUIS, el CARDENAL

Lewis Cardinal sat on the lowest branch of his hickory tree.
He was sad. This was his first winter in the north woods
and he was sure he should be busy like everyone else.

Luis, el Cardenal estaba sentado en la rama más pequeña de su Árbol de
Nogal. Él estaba muy triste. Este era su primer invierno en los árboles del
norte, y tenía la certeza que debería estar muy ocupado, así como todos.

Forest friends stopped by with winter plans. "I'm almost ready
for my long nap, Lewis," said Cinnamon Bear. "I've been eating a lot
of fish and berries and roots. I'm so full and tired I can hardly
wait to sleep. I'll see you in spring," said Cinnamon Bear
as she headed to her winter den.

Los amigos del bosque llegaron a contarle los planes para el invierno.
"Luis, estoy casi listo para una larga siesta", dijo el Oso Canela.
"He comido muchos pescados, bayas y raíces. Estoy lleno y cansado que
ya no puedo esperar más para dormir. Te veo en la primavera".

"Maybe I should eat a lot of food, too," thought Lewis.
"Then I'll be ready for winter."

But somehow that just didn't seem right for him.

"Quizás debería comer bastante, también", pensó Luis.
"Así estaré listo para el invierno".

Pero, Luis pensó que quizá esto no era lo más conveniente para él.

Lewis flew off to see how the other animals were getting ready for winter. He swooped down to the river where Polly Frog was busy burying herself in mud and leaves.

"I'm okay, Lewis, this is the way some frogs get ready for winter," Polly said.

Lewis didn't think Polly's way would work for him.

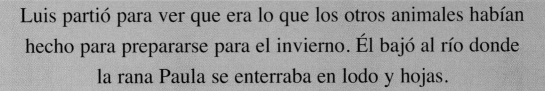

Luis partió para ver que era lo que los otros animales habían hecho para prepararse para el invierno. Él bajó al río donde la rana Paula se enterraba en lodo y hojas.

Al ver a la rana, Luis muy sorpendido preguntó "¿Qué estás haciendo?"

"Estoy bien, Luis, ésta es la forma en que las ranas se preparan para el invierno", dijo Paula.

Luis pensó que definitavemente la forma en que Paula se prepara no funcionaría para él.

Lewis saw Silver Trout in the shimmering river. "Silver," he sang, "How are you getting ready for winter?"

Silver didn't answer. He hovered near the surface of the water and then slowly sank to the bottom of the riverbed. Lewis could hardly see him.

This didn't seem like much of a plan to Lewis.

Luis vio a Silvia, la trucha que nadaba en el calmado río. "Silvia, ¿qué estás haciendo para prepararte para el invierno?", preguntó Luis.

Silvia no respondió pero siguió flotanto sobre la superficie del agua, para luego sumergirse cuidadosamente hasta el fondo del río. Luis no podía verla.

Parecía que esto no era el plan para Luis.

Back at the hickory tree, Roberta Robin and her friends
chirped farewell, "So long, Lewis.
We'll be back soon."

"How soon is soon?" Lewis asked.
But it was too late. They were already gone.

Luego, en el Árbol de Nogal, Roberta, la pájara
pechicolorada cantaba junto a sus amigos una
canción de despedida, "Nos vemos Luis,
estaremos de vuelta pronto".

"¿Qué tan pronto es pronto?" Luis se
preguntó. "¿A dónde van todos?"

Lewis moaned. "I'm a bird too. I'm sure I should be doing something
or going somewhere for the winter."

Luis murmuró. "Yo también soy un pájaro. Estoy seguro que debería estar
haciendo algo o yendo a alguna parte para prepararme para el invierno".

Night fell and the woods grew quiet. High up in the hickory tree,
Solomon Raven, the wisest bird in all the forest,
called to Lewis, "What's wrong Lewis?"

"I'm sad all of my friends are leaving," cried Lewis. "Cinnamon Bear,
Polly Frog and Roberta Robin say they will be back. But, I don't know
why they have to go. And Silver isn't saying anything."

Y llegó noche. En la parte más alta del árbol de Nogal se encontraba el
cuervo Salomon, el pajaro más inteligente del bosque, y sabiamente le
preguntó a Luis, "¿Cuál es el problema Luis?"

Luis lloraba diciendo, "estoy muy triste, todos mis amigos se van". "El Oso
Canela, la Rana Paula, y la pájara Roberta dicen que regresarán. Pero, no sé
por qué se tienen que ir. Y Silvia no ha dicho nada".

"Well, Cinnamon and Polly are animals that hibernate," explained Solomon. "They sleep for a part or most of the winter when it would be hard to find food. Roberta migrates each year. She goes somewhere warm for a while, but she always comes back. And Silver stays right in the river. You'll see, Lewis. It will be all right."

"Canela y Paula son animales que inviernan", dijo Salomón. "Ellos duermen por una parte o casi todo el invierno, cuando es muy difícil encontrar comida. Roberta emigra todos los años. Ella se va a un clima cálido mientras pasa el invierno, pero siempre regresa. Y Silvia se queda en el río. Te darás cuenta, Luis, que todo estará bien".

Lewis was comforted by Solomon's wise words, but he still was worried.

"Will I have friends if I stay?" asked Lewis.

"A lot of birds stay. They will be your friends. I will be here too,"
Solomon answered. "Let's fly around the forest and see who else
will brave the winter with us," he said.

Luis se sintió consolado con las palabras sabias de Salomón, pero aun así,
seguía preocupado.

"¿Tendré amigos si me quedo?" Se preguntó Luis.

Salomón le contestó, "Muchos pájaros se quedan. Ellos serán tus amigos.
Yo también estaré aquí". Luego dijo, "volemos por el bosque para ver
quién más se queda a pasar el invierno".

The two friends flew high above the autumn woods.
Pearl Squirrel was gathering nuts in her chubby cheeks.
They spied Madison Badger digging a den and Marilyn Rabbit
hopping along the trail.

Los dos amigos volaron sobre el colorido mar de árboles que produce la primavera. Perla la Ardillita, recogía nueces en sus gorditas mejillas. En seguida
vieron a Madison, el tejón haciendo un agujero para su guarida y también
vieron a la Coneja María saltando por el caminito.

"Pearl will be right in our own hickory tree," said Solomon.
"Madison hibernates when it's really cold, but we'll still see him once
in a while. Marilyn will be hopping by all winter."

Lewis was starting to feel a little better.

"Perla estará aquí mismo en el Árbol de Nogal", dijo Salomón. "Madison
invierna cuando se pone muy frío, pero lo veremos afuera de vez en cuando.
María se la pasará saltando todo el invierno".

Luis empezó a sentirse un poquito mejor.

Then Solomon pointed to a nearby evergreen tree. There sat a lovely
cardinal singing a sweet song. Lewis darted to the tree
and perched beside the pretty bird.

Luego Salomón señaló hacia un árbol muy verde que estaba en las
cercanías. Ahí estaba una adorada Cardenal, cantando una dulce canción.
Y sin pensarlo dos veces Luis se lanzó hacia el árbol para sentarse al lado
de la hermosa pajarita.

"I'm Cheri Cardinal," she warbled.
"Are you going to be here
all winter like me?"

"Yo soy Cheli la Cardenal", murmuró.
"¿Pasarás aquí todo el invierno,
como lo hago yo?".

Lewis thought of all the winter friends he and Solomon had seen.
He gazed at Cheri and felt warm as a summer night inside.
He wasn't afraid of being alone anymore.

De todos los amigos que Luis y Salomón habían visto.
Luis se concentró en Cheli y se sintió a gusto como en una noche de verano.
Él ya no tenía miedo de estar solo.

Solomon smiled down on the pair of cardinals,
so beautiful in the evergreen tree and thought,
"It's going to be a very good winter after all."

Salomón sonrió al ver a la pareja de hermosos Cardenales
sobre el verde árbol, y pensó
"después de todo éste será un buen invierno".

"Lewis Cardinal's First Winter" Glossary

English	Español
fish	pescado
busy	ocupado
frog	rana
bird	pájaro
gone	perdido
quiet	calma
hibernation	hibernación
migration	migración
stay	quedarse
alone	solo

32